50 Recetas Rápidas

Por: Kelly Johnson

Table of Contents

- Ensalada César
- Tacos de pollo
- Sándwich de jamón y queso
- Pasta al pesto
- Tortilla de patatas
- Salteado de verduras
- Omelette de queso
- Arroz frito con huevo
- Sopa de tomate
- Quesadillas de pollo
- Ensalada de atún
- Hamburguesa clásica
- Pan pita con falafel
- Wrap de pavo y aguacate
- Pollo al limón
- Bruschetta de tomate
- Salmón a la plancha

- Frittata de espinacas
- Pasta con salsa de tomate
- Guiso rápido de lentejas
- Ensalada griega
- Pizza rápida de tortilla
- Albóndigas en salsa
- Crepes salados
- Batido de frutas
- Puré de papas instantáneo
- Pollo teriyaki
- Rollitos de primavera
- Pan tostado con aguacate
- Ensalada caprese
- Curry rápido de garbanzos
- Tostadas francesas
- Salmón ahumado con queso crema
- Sopa de verduras
- Tortilla de champiñones
- Queso fundido con chorizo

- Pasta con ajo y aceite
- Ensalada de quinoa
- Pescado al horno
- Sandwich club
- Guiso de pollo rápido
- Paninis variados
- Gazpacho andaluz
- Huevos revueltos con tomate
- Pollo a la barbacoa
- Tacos de pescado
- Ensalada de lentejas
- Pizza rápida con pan naan
- Croquetas de jamón
- Pasta con crema y champiñones

Ensalada César

Ingredientes:

- 1 lechuga romana
- 100 g de crutones
- 50 g de queso parmesano rallado
- 2 filetes de anchoa (opcional)
- 1 diente de ajo
- 1 yema de huevo
- 2 cucharadas de jugo de limón
- ½ taza de aceite de oliva
- Sal y pimienta

Instrucciones:

1. Lava y trocea la lechuga.
2. En un mortero, machaca el ajo con las anchoas y la yema.
3. Añade el jugo de limón, sal, pimienta y poco a poco el aceite de oliva hasta formar una salsa cremosa.
4. Mezcla la lechuga con la salsa, añade los crutones y el queso parmesano rallado.
5. Sirve inmediatamente.

Tacos de Pollo

Ingredientes:

- 300 g de pechuga de pollo cocida y deshebrada
- 8 tortillas de maíz
- 1 cebolla picada
- Cilantro picado
- Salsa al gusto
- Limón

Instrucciones:

1. Calienta las tortillas.
2. Rellena con pollo deshebrado, cebolla y cilantro.
3. Añade salsa y unas gotas de limón.
4. Sirve calientes.

Sándwich de Jamón y Queso

Ingredientes:

- 2 rebanadas de pan de molde
- 2 lonchas de jamón
- 2 lonchas de queso
- Mantequilla o margarina

Instrucciones:

1. Unta mantequilla en un lado de cada rebanada de pan.
2. Coloca jamón y queso entre las rebanadas con la mantequilla hacia afuera.
3. Cocina en sartén o sandwichera hasta que el pan esté dorado y el queso derretido.
4. Sirve caliente.

Pasta al Pesto

Ingredientes:

- 200 g de pasta (espaguetis, penne, etc.)
- 1 taza de hojas de albahaca fresca
- ¼ taza de piñones
- ½ taza de queso parmesano rallado
- 1 diente de ajo
- ½ taza de aceite de oliva
- Sal y pimienta

Instrucciones:

1. Cocina la pasta según las instrucciones del paquete y escurre.
2. En un procesador, mezcla albahaca, piñones, ajo, queso, sal y pimienta.
3. Añade aceite poco a poco hasta obtener una salsa cremosa.
4. Mezcla la pasta con el pesto y sirve.

Tortilla de Patatas

Ingredientes:

- 4 patatas medianas peladas y cortadas en rodajas finas
- 1 cebolla picada
- 6 huevos
- Sal
- Aceite de oliva

Instrucciones:

1. Fríe las patatas y la cebolla en aceite hasta que estén tiernas. Escurre el exceso de aceite.
2. Bate los huevos con sal y mezcla con las patatas y cebolla.
3. Cocina en una sartén a fuego medio hasta que cuaje, da la vuelta con ayuda de un plato para cocinar el otro lado.
4. Sirve caliente o fría.

Salteado de Verduras

Ingredientes:

- 1 pimiento rojo cortado en tiras
- 1 calabacín en rodajas
- 1 zanahoria en tiras
- 1 cebolla en juliana
- 2 dientes de ajo picados
- Aceite de oliva
- Sal y pimienta

Instrucciones:

1. Calienta aceite en una sartén.
2. Sofríe el ajo y la cebolla hasta dorar.
3. Añade las verduras y saltea hasta que estén tiernas pero crujientes.
4. Salpimienta y sirve.

Omelette de Queso

Ingredientes:

- 3 huevos
- 50 g de queso rallado o en trozos pequeños
- Sal y pimienta
- Mantequilla o aceite para cocinar

Instrucciones:

1. Bate los huevos con sal y pimienta.
2. Calienta mantequilla en una sartén, vierte los huevos.
3. Cuando empiecen a cuajar, añade el queso en la mitad.
4. Dobla el omelette y cocina un minuto más.
5. Sirve caliente.

Arroz Frito con Huevo

Ingredientes:

- 2 tazas de arroz cocido frío
- 2 huevos
- 1 cebolla picada
- 2 dientes de ajo picados
- Salsa de soja al gusto
- Aceite para cocinar
- Cebolla verde picada (opcional)

Instrucciones:

1. En una sartén caliente con aceite, sofríe la cebolla y ajo.
2. Añade el arroz y mezcla bien.
3. Empuja el arroz a un lado y bate los huevos en el espacio vacío, revuélvelos hasta cocidos.
4. Mezcla todo, añade salsa de soja y cocina un par de minutos más.
5. Decora con cebolla verde y sirve.

Sopa de Tomate

Ingredientes:

- 1 kg de tomates maduros
- 1 cebolla picada
- 2 dientes de ajo
- 500 ml de caldo de verduras o pollo
- 2 cucharadas de aceite de oliva
- Sal y pimienta
- Hojas de albahaca para decorar (opcional)

Instrucciones:

1. En una olla, calienta el aceite y sofríe la cebolla y ajo hasta que estén transparentes.
2. Añade los tomates picados y cocina 10 minutos, removiendo ocasionalmente.
3. Agrega el caldo, sal y pimienta. Cocina a fuego medio 15 minutos.
4. Licúa la sopa hasta obtener una textura suave.
5. Sirve caliente, decorando con hojas de albahaca.

Quesadillas de Pollo

Ingredientes:

- 4 tortillas de harina
- 200 g de pollo cocido y desmenuzado
- 1 taza de queso rallado (cheddar, mozzarella o mezcla)
- Salsa al gusto
- Aceite o mantequilla para cocinar

Instrucciones:

1. Calienta una sartén con un poco de aceite o mantequilla.
2. Coloca una tortilla, añade pollo y queso en una mitad, dobla la tortilla.
3. Cocina hasta que el queso se derrita y la tortilla esté dorada, volteando con cuidado.
4. Repite con las demás tortillas.
5. Sirve con salsa.

Ensalada de Atún

Ingredientes:

- 1 lata de atún escurrido
- 1 tomate picado
- ½ cebolla picada
- ½ pepino picado
- Jugo de 1 limón
- Aceite de oliva
- Sal y pimienta

Instrucciones:

1. Mezcla todos los ingredientes en un bol.
2. Añade el jugo de limón, aceite, sal y pimienta.
3. Revuelve bien y sirve fría.

Hamburguesa Clásica

Ingredientes:

- 250 g de carne molida
- Sal y pimienta
- 1 pan para hamburguesa
- Lechuga, tomate y cebolla en rodajas
- Queso cheddar (opcional)
- Ketchup, mayonesa o mostaza (opcional)

Instrucciones:

1. Forma una hamburguesa con la carne y sazona con sal y pimienta.
2. Cocina en sartén o parrilla a tu gusto.
3. Coloca la hamburguesa en el pan, añade lechuga, tomate, cebolla, queso y condimentos.
4. Sirve caliente.

Pan Pita con Falafel

Ingredientes:

- 4 panes pita
- 12 falafel (pueden ser comprados o caseros)
- Lechuga y tomate picados
- Salsa tahini o yogur con limón

Instrucciones:

1. Calienta los panes pita.
2. Abre cada pan y rellena con falafel, lechuga y tomate.
3. Añade salsa al gusto.
4. Sirve.

Wrap de Pavo y Aguacate

Ingredientes:

- 2 tortillas grandes de harina
- 150 g de pavo en lonchas
- 1 aguacate en rodajas
- Lechuga
- Mayonesa o yogur

Instrucciones:

1. Unta mayonesa o yogur en la tortilla.
2. Coloca pavo, aguacate y lechuga.
3. Enrolla firmemente y corta por la mitad.
4. Sirve.

Pollo al Limón

Ingredientes:

- 2 pechugas de pollo
- Jugo de 2 limones
- 2 dientes de ajo picados
- Sal y pimienta
- Aceite de oliva

Instrucciones:

1. Marina el pollo con jugo de limón, ajo, sal y pimienta por 30 minutos.
2. Cocina el pollo en sartén con aceite hasta dorar y estar cocido por dentro.
3. Sirve caliente.

Bruschetta de Tomate

Ingredientes:

- 1 baguette en rebanadas
- 3 tomates maduros picados
- 2 dientes de ajo picados
- Hojas de albahaca picadas
- Aceite de oliva
- Sal y pimienta

Instrucciones:

1. Tuesta las rebanadas de baguette.
2. Mezcla tomate, ajo, albahaca, aceite, sal y pimienta.
3. Coloca la mezcla sobre el pan tostado.
4. Sirve.

Salmón a la Plancha

Ingredientes:

- 2 filetes de salmón
- Sal y pimienta
- Aceite de oliva
- Rodajas de limón para servir

Instrucciones:

1. Salpimienta el salmón.
2. Calienta aceite en sartén y cocina el salmón 4-5 minutos por lado.
3. Sirve con rodajas de limón.

Frittata de Espinacas

Ingredientes:

- 6 huevos
- 1 taza de espinacas frescas picadas
- ½ cebolla picada
- ½ taza de queso rallado (opcional)
- Sal y pimienta
- Aceite para cocinar

Instrucciones:

1. Precalienta el horno a 180°C.
2. En sartén con aceite, sofríe la cebolla y espinacas.
3. Bate los huevos con sal, pimienta y queso. Añade las verduras.
4. Vierte la mezcla en una sartén apta para horno y cocina 5 minutos.
5. Termina de cocinar en el horno 10-12 minutos o hasta que esté firme.
6. Sirve caliente.

Pasta con salsa de tomate

Ingredientes:

- 250 g de pasta (espaguetis, penne, etc.)
- 400 g de salsa de tomate (puede ser casera o comprada)
- 2 dientes de ajo picados
- 2 cucharadas de aceite de oliva
- Sal y pimienta
- Hojas de albahaca (opcional)
- Queso rallado para servir (opcional)

Instrucciones:

1. Cocina la pasta en agua con sal según las instrucciones del paquete.
2. Mientras, calienta el aceite y sofríe el ajo hasta que esté dorado.
3. Añade la salsa de tomate, sal y pimienta. Cocina 5-7 minutos.
4. Escurre la pasta y mezcla con la salsa.
5. Sirve con albahaca fresca y queso rallado si deseas.

Guiso rápido de lentejas
Ingredientes:

- 1 taza de lentejas
- 1 cebolla picada
- 1 tomate picado
- 1 diente de ajo picado
- 1 zanahoria picada
- 4 tazas de caldo de verduras o agua
- 2 cucharadas de aceite
- Sal y pimienta

Instrucciones:

1. En una olla, calienta el aceite y sofríe la cebolla, ajo y zanahoria.
2. Añade el tomate y cocina 2 minutos.
3. Agrega las lentejas y el caldo. Salpimienta.
4. Cocina tapado a fuego medio hasta que las lentejas estén tiernas (30-40 min).
5. Sirve caliente.

Ensalada griega

Ingredientes:

- 2 tomates grandes en cubos
- 1 pepino en cubos
- 1 cebolla roja en rodajas finas
- 100 g de queso feta en cubos
- Aceitunas negras
- Aceite de oliva
- Orégano seco
- Sal y pimienta

Instrucciones:

1. Mezcla todos los ingredientes en un bol.
2. Añade aceite de oliva, orégano, sal y pimienta.
3. Revuelve suavemente y sirve fresca.

Pizza rápida de tortilla

Ingredientes:

- 1 tortilla grande de harina
- 4 cucharadas de salsa de tomate
- Queso rallado al gusto
- Ingredientes para el topping (jamón, tomate, aceitunas, etc.)

Instrucciones:

1. Precalienta el horno a 200°C.
2. Coloca la tortilla sobre una bandeja para horno.
3. Unta la salsa de tomate y añade queso y toppings.
4. Hornea 8-10 minutos o hasta que el queso se derrita.
5. Sirve caliente.

Albóndigas en salsa
Ingredientes:

- 400 g de carne molida
- 1 huevo
- ½ taza de pan rallado
- 1 diente de ajo picado
- Sal y pimienta
- Salsa de tomate para cocinar
- Aceite para freír

Instrucciones:

1. Mezcla carne, huevo, pan rallado, ajo, sal y pimienta. Forma albóndigas.
2. Fríelas en aceite hasta dorar.
3. Añade salsa de tomate y cocina 15 minutos a fuego bajo.
4. Sirve con arroz o pasta.

Crepes salados

Ingredientes:

- 1 taza de harina
- 1 huevo
- 1 taza de leche
- 1 pizca de sal
- Relleno al gusto (queso, jamón, espinacas, etc.)
- Mantequilla para cocinar

Instrucciones:

1. Mezcla harina, huevo, leche y sal hasta obtener una masa líquida.
2. Calienta una sartén con mantequilla.
3. Vierte un poco de masa, gira para cubrir el fondo. Cocina 1-2 minutos por lado.
4. Rellena y dobla los crepes. Sirve.

Batido de frutas
Ingredientes:

- 1 plátano
- 1 taza de frutas frescas o congeladas (fresas, mango, etc.)
- 1 taza de leche o yogur
- 1 cucharadita de miel (opcional)

Instrucciones:

1. Coloca todos los ingredientes en la licuadora.
2. Licúa hasta obtener una mezcla homogénea.
3. Sirve frío.

Puré de papas instantáneo

Ingredientes:

- 1 paquete de puré de papas instantáneo
- Leche (según indicaciones del paquete)
- Mantequilla (opcional)
- Sal y pimienta

Instrucciones:

1. Prepara el puré siguiendo las instrucciones del paquete.
2. Añade mantequilla, sal y pimienta al gusto.
3. Mezcla bien y sirve caliente.

Pollo Teriyaki

Ingredientes:

- 500 g de pechuga de pollo en trozos
- ¼ taza de salsa de soja
- 2 cucharadas de miel o azúcar moreno
- 1 cucharada de vinagre de arroz
- 1 diente de ajo picado
- 1 cucharadita de jengibre rallado
- 1 cucharada de aceite vegetal
- Semillas de sésamo y cebollín para decorar (opcional)

Instrucciones:

1. En un bol mezcla la salsa de soja, miel, vinagre, ajo y jengibre.
2. Marina el pollo en esta mezcla al menos 15 minutos.
3. Calienta el aceite en una sartén y cocina el pollo hasta que esté dorado y cocido.
4. Añade el resto de la salsa a la sartén y cocina a fuego medio hasta que espese un poco.
5. Sirve con arroz y decora con semillas de sésamo y cebollín.

Rollitos de primavera

Ingredientes:

- 8 láminas de papel para rollitos
- 1 taza de repollo rallado
- 1 zanahoria rallada
- 100 g de brotes de soja
- 1 cebolla pequeña picada
- 1 cucharada de salsa de soja
- Aceite para freír

Instrucciones:

1. Saltea la cebolla, zanahoria, repollo y brotes con salsa de soja hasta que estén tiernos.
2. Coloca una porción de relleno en cada lámina de papel y enrolla, cerrando los bordes.
3. Fríe en aceite caliente hasta que estén dorados y crujientes.
4. Escurre sobre papel absorbente y sirve con salsa para mojar.

Pan tostado con aguacate

Ingredientes:

- 2 rebanadas de pan
- 1 aguacate maduro
- Sal y pimienta
- Jugo de limón (opcional)
- Aceite de oliva (opcional)

Instrucciones:

1. Tuesta las rebanadas de pan.
2. Machaca el aguacate y sazona con sal, pimienta y un poco de jugo de limón.
3. Unta el aguacate sobre el pan tostado.
4. Añade un chorrito de aceite de oliva si quieres. Sirve.

Ensalada Caprese

Ingredientes:

- 2 tomates maduros en rodajas
- 150 g de mozzarella fresca en rodajas
- Hojas de albahaca fresca
- Aceite de oliva
- Sal y pimienta

Instrucciones:

1. Alterna rodajas de tomate y mozzarella en un plato.
2. Coloca hojas de albahaca entre las capas.
3. Añade sal, pimienta y un buen chorro de aceite de oliva.
4. Sirve fresca.

Curry rápido de garbanzos

Ingredientes:

- 1 lata (400 g) de garbanzos, escurridos
- 1 cebolla picada
- 2 dientes de ajo picados
- 1 cucharada de pasta de curry o curry en polvo
- 400 ml de leche de coco
- 1 cucharada de aceite
- Sal al gusto
- Cilantro fresco para decorar

Instrucciones:

1. Sofríe la cebolla y ajo en aceite hasta que estén transparentes.
2. Añade la pasta de curry y cocina 1 minuto.
3. Incorpora los garbanzos y la leche de coco.
4. Cocina a fuego medio 10-15 minutos.
5. Salpimienta y decora con cilantro. Sirve con arroz.

Tostadas francesas

Ingredientes:

- 4 rebanadas de pan del día anterior
- 2 huevos
- ½ taza de leche
- 1 cucharadita de azúcar
- 1 cucharadita de canela (opcional)
- Mantequilla para freír
- Miel o jarabe de arce para servir

Instrucciones:

1. Bate huevos, leche, azúcar y canela en un bol.
2. Sumerge las rebanadas de pan en la mezcla, empapándolas bien.
3. Fríe en mantequilla a fuego medio hasta dorar ambos lados.
4. Sirve con miel o jarabe.

Salmón ahumado con queso crema

Ingredientes:

- 100 g de salmón ahumado
- 100 g de queso crema
- Pan o bagels para acompañar
- Eneldo o cebollín para decorar (opcional)

Instrucciones:

1. Unta el queso crema sobre las rebanadas de pan o bagel.
2. Coloca el salmón ahumado encima.
3. Decora con eneldo o cebollín. Sirve frío.

Sopa de verduras
Ingredientes:

- 1 zanahoria picada
- 1 calabacín picado
- 1 papa picada
- 1 cebolla picada
- 2 dientes de ajo
- 4 tazas de caldo de verduras
- Aceite de oliva
- Sal y pimienta

Instrucciones:

1. Sofríe cebolla y ajo en aceite hasta dorar.
2. Añade las verduras y el caldo.
3. Cocina hasta que las verduras estén tiernas (20-25 min).
4. Salpimienta y sirve caliente.

Tortilla de champiñones

Ingredientes:

- 3 huevos
- 100 g de champiñones laminados
- 1 diente de ajo picado
- 1 cucharada de aceite
- Sal y pimienta

Instrucciones:

1. Saltea los champiñones y ajo en aceite hasta dorar.
2. Bate los huevos con sal y pimienta.
3. Añade los champiñones a los huevos y mezcla.
4. Cocina en una sartén hasta que la tortilla cuaje. Sirve caliente.

Queso Fundido con Chorizo

Ingredientes:

- 200 g de queso Oaxaca o mozzarella rallado
- 100 g de chorizo, desmenuzado
- 1 cucharada de aceite
- Tortillas de maíz o totopos para acompañar

Instrucciones:

1. Calienta el aceite en una sartén y cocina el chorizo hasta que esté dorado.
2. Añade el queso encima del chorizo y cocina a fuego bajo hasta que se funda.
3. Sirve inmediatamente acompañado de tortillas o totopos.

Pasta con Ajo y Aceite (Aglio e Olio)

Ingredientes:

- 200 g de pasta (espagueti)
- 4 dientes de ajo laminados
- ½ taza de aceite de oliva
- 1 pizca de chile en hojuelas (opcional)
- Perejil picado
- Sal al gusto

Instrucciones:

1. Cocina la pasta en agua con sal hasta que esté al dente. Escurre y reserva un poco del agua de la cocción.
2. En una sartén, calienta el aceite y dora el ajo ligeramente. Añade chile si usas.
3. Incorpora la pasta y mezcla bien, agregando un poco del agua de cocción para ligar.
4. Añade perejil picado y sirve caliente.

Ensalada de Quinoa

Ingredientes:

- 1 taza de quinoa cocida
- 1 pepino picado
- 1 tomate picado
- ½ cebolla morada picada
- Jugo de 1 limón
- Aceite de oliva
- Sal y pimienta

Instrucciones:

1. Cocina la quinoa según instrucciones y deja enfriar.
2. Mezcla la quinoa con el pepino, tomate y cebolla.
3. Aliña con jugo de limón, aceite, sal y pimienta.
4. Sirve fría o a temperatura ambiente.

Pescado al Horno

Ingredientes:

- 2 filetes de pescado blanco (merluza, tilapia, etc.)
- Jugo de 1 limón
- 2 dientes de ajo picados
- Sal y pimienta
- Aceite de oliva
- Hierbas frescas (perejil, tomillo)

Instrucciones:

1. Precalienta el horno a 180°C (350°F).
2. Coloca los filetes en una bandeja para hornear, rocía con jugo de limón y aceite.
3. Espolvorea ajo, sal, pimienta y hierbas sobre el pescado.
4. Hornea 15-20 minutos hasta que esté cocido y tierno. Sirve caliente.

Sándwich Club

Ingredientes:

- 3 rebanadas de pan de molde tostado
- 2 lonchas de pavo o pollo
- 2 lonchas de tocino cocido
- Lechuga, tomate en rodajas
- Mayonesa
- Queso (opcional)

Instrucciones:

1. Unta mayonesa en las rebanadas de pan.
2. Coloca lechuga, tomate, pavo, tocino y queso entre las capas de pan.
3. Une formando un sándwich de tres capas y corta en triángulos. Sirve.

Guiso de Pollo Rápido

Ingredientes:

- 500 g de pollo en trozos
- 1 cebolla picada
- 2 tomates picados
- 1 pimiento picado
- 2 dientes de ajo
- Aceite, sal y pimienta

Instrucciones:

1. Sofríe cebolla y ajo en aceite hasta transparente.
2. Añade pollo y dora por todos lados.
3. Incorpora tomate y pimiento, cocina 10-15 minutos con tapa.
4. Salpimienta y sirve con arroz o pan.

Paninis Variados

Ingredientes:

- Pan para panini (baguette o ciabatta)
- Queso mozzarella o cheddar
- Jamón, pavo, o pollo
- Tomate, espinacas, o vegetales al gusto
- Aceite de oliva o mantequilla

Instrucciones:

1. Arma el panini con los ingredientes que prefieras.
2. Calienta en sandwichera o sartén prensada hasta que el queso se derrita y el pan esté dorado.
3. Sirve caliente.

Gazpacho Andaluz
Ingredientes:

- 4 tomates maduros
- 1 pepino
- 1 pimiento verde
- 1 diente de ajo
- 3 cucharadas de aceite de oliva
- 1 cucharada de vinagre
- Sal
- Agua fría

Instrucciones:

1. Licúa tomates, pepino, pimiento y ajo hasta obtener una mezcla suave.
2. Añade aceite, vinagre, sal y agua fría hasta obtener la consistencia deseada.
3. Refrigera y sirve bien frío.

Huevos Revueltos con Tomate

Ingredientes:

- 3 huevos
- 1 tomate picado
- 1 cucharada de aceite
- Sal y pimienta

Instrucciones:

1. Calienta el aceite y sofríe el tomate hasta que suelte su jugo.
2. Bate los huevos con sal y pimienta, agrégalos a la sartén.
3. Cocina revolviendo hasta que estén a tu gusto. Sirve caliente.

Pollo a la Barbacoa

Ingredientes:

- 500 g de pechugas de pollo
- ½ taza de salsa barbacoa
- 1 cucharada de aceite
- Sal y pimienta al gusto

Instrucciones:

1. Sazona el pollo con sal y pimienta.
2. Calienta el aceite en una sartén y cocina el pollo hasta que esté dorado y cocido por dentro.
3. Añade la salsa barbacoa y cocina 5 minutos más, cubriendo el pollo bien con la salsa.
4. Sirve caliente acompañado de arroz, ensalada o pan.

Tacos de Pescado

Ingredientes:

- 300 g de filetes de pescado blanco
- Jugo de 1 limón
- 1 cucharadita de comino
- Sal y pimienta
- Tortillas de maíz
- Repollo rallado
- Salsa (puede ser mayonesa con chipotle o salsa de tu preferencia)

Instrucciones:

1. Marina el pescado con limón, comino, sal y pimienta por 15 minutos.
2. Cocina el pescado a la plancha hasta que esté cocido y se desmenuce fácil.
3. Calienta las tortillas, rellénalas con el pescado, repollo y salsa.
4. Sirve inmediatamente.

Ensalada de Lentejas

Ingredientes:

- 1 taza de lentejas cocidas
- 1 tomate picado
- ½ pepino picado
- ¼ cebolla morada picada
- Jugo de 1 limón
- Aceite de oliva
- Sal y pimienta

Instrucciones:

1. Mezcla las lentejas con tomate, pepino y cebolla.
2. Aliña con jugo de limón, aceite de oliva, sal y pimienta.
3. Refrigera y sirve fresca.

Pizza Rápida con Pan Naan

Ingredientes:

- 1 pan naan
- ½ taza de salsa de tomate para pizza
- 1 taza de queso mozzarella rallado
- Ingredientes al gusto: jamón, champiñones, pimientos, etc.

Instrucciones:

1. Precalienta el horno a 200°C (390°F).
2. Unta el pan naan con salsa de tomate.
3. Añade el queso y los ingredientes que prefieras.
4. Hornea 10-12 minutos o hasta que el queso se derrita y esté dorado.
5. Sirve caliente.

Croquetas de Jamón

Ingredientes:

- 150 g de jamón picado
- 2 cucharadas de mantequilla
- 2 cucharadas de harina
- 1 taza de leche
- Sal y pimienta
- Pan rallado
- 2 huevos batidos
- Aceite para freír

Instrucciones:

1. Derrite la mantequilla, añade la harina y cocina 1 minuto.
2. Poco a poco agrega la leche sin dejar de remover hasta obtener una bechamel espesa.
3. Añade el jamón, sal y pimienta, mezcla bien y deja enfriar.
4. Forma croquetas, pásalas por huevo y pan rallado.
5. Fríelas en aceite caliente hasta dorar. Escurre y sirve.

Pasta con Crema y Champiñones

Ingredientes:

- 200 g de pasta (penne, fettuccine, etc.)
- 200 g de champiñones laminados
- 1 taza de crema para cocinar
- 2 dientes de ajo picados
- 2 cucharadas de aceite de oliva
- Sal y pimienta
- Queso parmesano (opcional)

Instrucciones:

1. Cocina la pasta en agua con sal hasta al dente y escurre.
2. En una sartén, calienta el aceite y sofríe el ajo y champiñones hasta que estén tiernos.
3. Añade la crema, salpimienta y cocina a fuego bajo 5 minutos.
4. Mezcla la pasta con la salsa, espolvorea queso parmesano y sirve.

www.ingramcontent.com/pod-product-compliance
Lightning Source LLC
LaVergne TN
LVHW081328060526
838201LV00055B/2514